道路建筑材料

（第 2 版）

试验检测手册

钱树波　李仲来　主　编

孙亚婷　蒋锦毅　徐向前　副主编

葛黎明　主　审

人民交通出版社

北京

目·录
Contents

试验一　土的颗粒分析试验(筛分法)

(一)典型原始记录表(检测数据部分)

样品信息							
试验检测日期				试验条件		温度：　℃,湿度：　%RH	
检测依据				判定依据			
主要仪器设备名称及编号							
筛前总土质量(g)	2211.3	<2mm 土质量(g)	2125.9	<2mm 占土质量百分比(%)	96.1	<2mm 取样质量(g)	2125.9

粗筛分析				细筛分析				
孔径(mm)	分计筛余土质量(g)	小于该孔径的土质量(g)	占总土质量百分率(%)	孔径(mm)	分计筛余土质量(g)	小于该孔径的土质量(g)	小于该孔径的土质量百分率(%)	占总土质量百分率(%)
60	0.0	2211.3	100.0	2	22.0	2125.9	100.0	96.1
40	0.0	2211.3	100.0	1	21.0	2104.9	99.0	95.1
20	28.0	2183.3	98.7	0.5	40.2	2064.7	97.1	93.3
10	8.9	2174.4	98.3	0.25	36.0	2028.7	95.4	91.7
5	26.5	2147.9	97.1	0.075	62.3	1966.4	92.5	88.9
2	22.0	2125.9	96.1	底	1.1	—	—	—

附加声明：

检测：×××　　　　　　记录：×××　　　　　　复核：×××　　　　　　日期：××××年××月××日

(二)空白原始记录表(摘录)

样品信息						
试验检测日期			试验条件		温度: ℃,湿度: %RH	
检测依据			判定依据			
主要仪器设备名称及编号						

筛前总土质量(g)		<2mm 土质量(g)		<2mm 占土质量百分比(%)		<2mm 取样质量(g)	

粗筛分析				细筛分析				
孔径(mm)	分计筛余土质量(g)	小于该孔径的土质量(g)	占总土质量百分率(%)	孔径(mm)	分计筛余土质量(g)	小于该孔径的土质量(g)	小于该孔径的土质量百分率(%)	占总土质量百分率(%)
60				2				
40				1				
20				0.5				
10				0.25				
5				0.075				
2				底		—	—	—

附加声明:

检测:　　　　　　记录:　　　　　　复核:　　　　　　日期:　　年　　月　　日

试验二 土界限含水率试验(液塑限联合测定)

(一)典型原始记录表(检测数据部分)

试验项目		试验次数					土样类型	
组号	2	1		2		3		
入土深度(mm)	h_1	20.0		12.1		4.9		
	h_2	20.1		12.0		4.8		
	$(h_1+h_2)/2$	20.05		12.05		4.85		
盒号		28	29	30	31	32	33	
盒质量(g)		24.88	24.37	23.69	25.34	24.73	24.47	
盒+湿土质量(g)		68.25	67.36	66.13	68.69	67.64	69.15	
盒+干土质量(g)		61.53	60.62	61.34	63.76	64.45	65.73	
水分质量		6.7	6.7	4.8	4.9	3.2	3.4	
干土质量(g)		36.6	36.2	37.6	38.4	39.7	41.3	
含水率(%)		18.3	18.5	12.8	12.8	8.1	8.2	
平均含水率(%)		18.4		12.8		8.2		
液限(%)		18.4						
塑限(%)		13.6						
塑性指数		4.8						

附加声明:

检测:×××　　　　　　记录:×××　　　　　　复核:×××　　　　　　日期:××××年××月××日

(二)空白原始记录表(摘录)

样品信息							
试验检测日期					试验条件		温度: ℃,湿度: %RH
检测依据					判定依据		
主要仪器设备名称及编号							
试验项目		试验次数				土样类型	
组号	2						
入土深度(mm)	h_1						
	h_2						
	$(h_1+h_2)/2$						
盒号							
盒质量(g)							
盒+湿土质量(g)							
盒+干土质量(g)							
水分质量							
干土质量(g)							
含水率(%)							
平均含水率(%)							
液限(%)							
塑限(%)							
塑性指数							

附加声明:

检测:　　　　记录:　　　　复核:　　　　日期:　　年　月　日

试验三　土的击实试验

(一) 典型原始记录表(检测数据部分)

组号	1	试验方法		I-1		击锤质量(kg)		4.5	筒容积(cm³)		997	每层击数		27	落距(cm)	45
试验序号			1		2		3		4		5		6		含水率与干密度关系曲线	
干密度	筒+湿土质量(g)		2981.8		3057.1		3130.9		3215.8		3191.1					
	筒质量(g)		1103		1103		1103		1103		1103					
	湿土质量(g)		1878.8		1954.1		2027.9		2112.8		2088.1					
	湿密度(g/cm³)		1.88		1.96		2.03		2.12		2.09					
	干密度(g/cm³)		1.71		1.75		1.80		1.83		1.76					
含水率	盒号	01	02	03	04	05	06	07	08	09	10					
	盒质量(g)	20	20	20	20	20	20	20	20	20	20					
	盒+湿土质量(g)	35.60	35.44	33.93	33.69	32.88	33.16	33.13	34.09	36.96	38.31					
	盒+干土质量(g)	34.16	34.02	32.45	32.26	31.40	31.64	31.36	32.15	34.28	35.36					
	干土质量(g)	14.16	14.02	12.45	12.26	11.40	11.64	11.36	12.15	14.28	15.36					
	水质量(g)	1.44	1.42	1.48	1.43	1.48	1.52	1.77	1.94	2.68	2.95					
	含水率(%)	10.3	10.1	11.9	11.7	13.0	13.0	15.6	16.0	18.8	19.2			最佳含水率(%)		15
	平均含水率(%)	10.2		11.8		13.0		15.8		19.0				最大干密度(g/cm³)		1.83

附加声明:

检测:×××　　　　　　记录:×××　　　　　　复核:×××　　　　　　日期:××××年××月××日

(二) 空白原始记录表 (摘录)

	样品信息								
	试验检测日期					试验条件		温度: ℃ ,湿度: % RH	
	检测依据					判定依据			
	主要仪器设备名称及编号								

组号		试验方法			击锤质量(kg)		筒容积(cm³)		每层击数		落距(cm)	

	试验序号	1	2	3	4	5	6	含水率与干密度关系曲线
干密度	筒 + 湿土质量(g)							
	筒质量(g)							
	湿土质量(g)							
	湿密度(g/cm³)							
	干密度(g/cm³)							
含水率	盒号							
	盒质量(g)							
	盒 + 湿土质量(g)							
	盒 + 干土质量(g)							
	干土质量(g)							
	水质量(g)							
	含水率(%)							最佳含水率(%)
	平均含水率(%)							最大干密度(g/cm³)

附加声明:

检测:　　　　　　记录:　　　　　　复核:　　　　　　日期:　　年　　月　　日

试验四　土的承载比(CBR)试验

(一) 典型原始记录表(检测数据部分)

样品信息							
试验检测日期				试验条件		温度：　℃,湿度：　%RH	
检测依据				判定依据			
主要仪器设备名称及编号							
试件序号	1	所需压实度(%)		93	击实次数	30	贯入杆面积(cm²)	19.635
测力计工作曲线 $Y = bX + a$		b	17.160	a	16.204	量力环校正系数(N/0.01mm)	52.8

贯入量百分表读数(0.01mm)		贯入量	荷载测力计百分表读数	单位压力
左	右	(mm)	(0.01mm)	(kPa)
20	20	0.20	3	81
50	52	0.51	6	161
100	101	1.01	8	215
150	153	1.52	10	269
200	201	2.01	12	323
250	253	2.52	15	403
300	301	3.01	17	457
350	352	3.51	19	511
400	405	4.03	20	538
450	452	4.51	21	565
520	523	5.22	22	592

贯入量为2.5时的单位压力(kPa)	400	CBR(%)	5.7
贯入量为5.0时的单位压力(kPa)	591		5.6

续上表

最大干密度(g/m³)		2.06			最佳含水率(%)			9.2		
试件序号		1	2	3	4	5	6	7	8	9
所需压实度(%)		96			94			93		
击实次数		98			50			30		
筒号		1	2	3	1	2	3	1	2	3
膨胀量	泡水前试件高度(mm)	120	120	120	120	120	120	120	120	120
	泡水后试件高度(mm)	120.0	121.0	120.5	121.5	121.5	122.0	122.5	123.0	122.0
	膨胀量(%)	0.00	0.83	0.42	1.25	1.25	1.67	2.08	2.50	1.67
	膨胀量平均值(%)	0.42			1.39			1.55		
密度	筒质量(g)	4950	4235	4730	4800	4300	4605	4950	4195	5035
	筒+试件质量(g)	9525	9380	9650	9205	9350	9440	9560	9435	9675
	筒体积(cm³)	2177	2177	2177	2177	2177	2177	2177	2177	2177
	湿密度(g/cm³)	2.102	2.363	2.260	2.023	2.320	2.221	2.118	2.407	2.131
	含水率(%)	9.1	9.9	9.2	10.1	9.5	10.1	9.8	10.6	10.4
	干密度(g/cm³)	1.926	2.151	2.070	1.837	2.119	2.017	1.929	2.177	1.931
	干密度平均值(g/cm³)	2.017			2.002			2.012		
吸水量	泡水后筒+试件合质量(g)	9555	9415	9685	9245	9395	9485	9615	9495	9730
	吸水量(g)	30	35	35	40	45	45	55	60	55
	吸水平均值(g)	44			50			57		
承载比	承载比(%)	9.6	10.0	10.4	8.5	8.1	8.1	5.4	5.7	5.0
	承载比平均值(%)	10.0			8.2			5.4		

附加声明:

检测:　　　　　　记录:　　　　　　复核:　　　　　　日期:　　年　月　日

(二) 空白原始记录表 (摘录)

样品信息						
试验检测日期				试验条件		温度： ℃ ,湿度： %RH
检测依据				判定依据		
主要仪器设备名称及编号						

试件序号		所需压实度 (%)		击实次数		贯入杆面积 (cm²)	
测力计工作曲线 $Y = bX + a$	b		a		量力环校正系数 (N/0.01mm)		

贯入量百分表读数 (0.01mm)		贯入量 (mm)	荷载测力计百分表读数 (0.01mm)	单位压力 (kPa)
左	右			
贯入量为 2.5 时的单位压力 (kPa)			CBR (%)	
贯入量为 5.0 时的单位压力 (kPa)				

续上表

最大干密度(g/m³)					最佳含水率(%)					
试件序号		1	2	3	4	5	6	7	8	9
所需压实度(%)										
击实次数										
筒号		1	2	3	1	2	3	1	2	3
膨胀量	泡水前试件高度(mm)									
	泡水后试件高度(mm)									
	膨胀量(%)									
	膨胀量平均值(%)									
密度	筒质量(g)									
	筒+试件质量(g)									
	筒体积(cm³)									
	湿密度(g/cm³)									
	含水率(%)									
	干密度(g/cm³)									
	干密度平均值(g/cm³)									
吸水量	泡水后筒+试件合质量(g)									
	吸水量(g)									
	吸水平均值(g)									
承载比	承载比(%)									
	承载比平均值(%)									

附加声明:

检测:　　　　　　　　　记录:　　　　　　　　　复核:　　　　　　　　　日期:　　年　　月　　日

试验五　水泥细度、密度试验

(一) 典型原始记录表 (检测数据部分)

样品信息	样品名称:P·O42.5;样品编号:YP-2024-SN-0009;样品数量:50kg;样品状态:整袋,包装完好;来样时间:2024 年 10 月 20 日					
试验检测日期	2024 年 10 月 25 日		试验条件		温度:20℃,湿度:75% RH	
检测依据	GB/T 1345—2005、GB/T 208—2014、GB/T 2419—2005		判定依据		GB 175—2023	
主要仪器设备名称及编号						

水泥细度试验

试验次数	试样质量(g)	筛余物质量(g)	筛余百分数(%)	修正系数	修正后筛余百分数(%)	平均筛余百分数(%)
1	25	0.65	2.6	1.01	2.6	2.6
2	25	0.63	2.5		2.5	

水泥密度试验

试件编号	水泥质量(g)	液体介质+水泥时的读数(cm^3)	液体介质+水泥时的读数(cm^3)	水泥密度(kg/m^3)	平均值(kg/m^3)
1	60	19.7	0.3	3090	3090
2	60	19.6	0.2	3090	

附加声明:

检测:×××　　　　记录:×××　　　　复核:×××　　　　日期:××××年××月××日

(二)空白原始记录表(摘录)

样品信息			
试验检测日期		试验条件	温度： ℃,湿度： %RH
检测依据		判定依据	
主要仪器设备名称及编号			

水泥细度试验

试验次数	试样质量(g)	筛余物质量(g)	筛余百分数(%)	修正系数	修正后筛余百分数(%)	平均筛余百分数(%)

水泥密度试验

试件编号	水泥质量 (g)	液体介质+水泥时的读数 (cm³)	液体介质+水泥时的读数 (cm³)	水泥密度 (kg/m³)	平均值 (kg/m³)

附加声明：

检测：	记录：	复核：	日期： 年 月 日

试验六 水泥比表面积试验

(一)典型原始记录表(检测数据部分)

样品信息	样品名称:P·O42.5;样品编号:YP-2024-SN-0009;样品数量:50kg;样品状态:整袋,包装完好;来样时间:2024年10月20日			
试验检测日期	2024年10月25日	试验条件		温度:20℃,湿度:50% RH
检测依据	GB/T 8074—2008	判定依据		GB 175—2023
主要仪器设备名称及编号				

水泥比表面积试验

参数	试样密度 (kg/m³)	试料层体积 (cm³)	空隙率	试样质量 (g)	温度 (℃)	液面降落时间 (s)	空气黏度 (Pa·s)	比表面积 (m²/kg)	平均值 (m²/kg)
标样	3030	0.000001894	0.500	0.002491	20.0	85.3	0.00018080	385	
试样1	3090	0.000001894	0.53	0.002751	21.0	57.1	0.00018130	357	356
试样2	3090	0.000001894	0.53	0.002751	21.0	56.7	0.00018130	355	

附加声明:

检测:×××　　　　记录:×××　　　　复核:×××　　　　日期:××××年××月××日

(二)空白原始记录表(摘录)

样品信息				
试验检测日期		试验条件		温度: ℃,湿度: %RH
检测依据		判定依据		
主要仪器设备名称及编号				

水泥比表面积试验

参数	试样密度 (kg/m³)	试料层体积 (cm³)	空隙率	试样质量 (g)	温度 (℃)	液面降落时间 (s)	空气黏度 (Pa·s)	比表面积 (m²/kg)	平均值 (m²/kg)

附加声明:

检测:	记录:	复核:	日期: 年 月 日

试验七　水泥标准稠度用水量、安定性试验

(一)典型原始记录表(检测数据部分)

样品信息	样品名称:P·O42.5;样品编号:YP-2024-SN-0009;样品数量:50kg;样品状态:整袋,包装完好;来样时间:2024年10月20日							
试验检测日期	2024年10月25日			试验条件		温度:20℃,湿度:70%RH		
检测依据	GB/T 1346—2011			判定依据		GB 175—2023		
主要仪器设备名称及编号								

标准稠度用水量试验				安定性试验				
水泥质量(g)	注水量(mL)	试杆下沉距底部(mm)	标准稠度用水量(%)	雷氏夹法	A(mm)	C(mm)	$C-A$(mm)	平均值(mm)
					12.5	11.0	1.5	1.5
500.0	133.0	6	26.6		12.0	10.5	1.5	

附加声明:

检测:×××　　　　　记录:×××　　　　　复核:×××　　　　　日期:××××年××月××日

(二)空白原始记录表(摘录)

样品信息				
试验检测日期		试验条件		温度: ℃,湿度: %RH
检测依据		判定依据		
主要仪器设备名称及编号				

标准稠度用水量试验				安定性试验				
水泥质量 (g)	注水量 (mL)	试杆下沉距底部 (mm)	标准稠度用水量 (%)	雷氏夹法	$A(\mathrm{mm})$	$C(\mathrm{mm})$	$C-A(\mathrm{mm})$	平均值(mm)

附加声明:

检测:　　　　　　记录:　　　　　　复核:　　　　　　日期:　　年　　月　　日

试验结果计算过程:

试验八　水泥凝结时间试验

(一) 典型原始记录表 (检测数据部分)

样品信息	样品名称:P·O42.5;样品编号:YP-2024-SN-0009;样品数量:50kg;样品状态:整袋,包装完好;来样时间:2024 年 10 月 20 日							
试验检测日期	2024 年 10 月 25 日			试验条件			温度:20℃,湿度:75% RH	
检测依据	GB 1346—2011			判定依据			GB 175—2023	
主要仪器设备名称及编号								
开始加水时间	序号	时间	读数	序号	时间	读数	序号	时间	读数
09:33	1	10:03	0	8	12:33	3			
	2	10:33	0	9	12:43	4			
用水量(mL)	3	11:03	1	10	12:43	4			
133.0	4	11:33	1	11	13:13	有环形印记			
	5	12:03	2	12	13:33	有环形印记			
试样重(g)	6	12:13	2	13	13:45	无环形印记			
500.0	7	12:23	3	14	13:45	无环形印记			
初凝时间(min)		190		终凝时间(min)			252	

附加声明:

检测:×××　　　　　记录:×××　　　　　复核:×××　　　　　日期:××××年××月××日

(二)空白原始记录表(摘录)

样品信息									
试验检测日期				试验条件			温度: ℃,湿度: %RH		
检测依据				判定依据					
主要仪器设备名称及编号									
开始加水时间	序号	时间	读数	序号	时间	读数	序号	时间	读数
用水量(mL)									
试样重(g)									
初凝时间(min)				终凝时间(min)					

附加声明:

检测:　　　　　　　记录:　　　　　　　复核:　　　　　　　日期:　　年　　月　　日

试验结果计算过程:

试验九　水泥胶砂强度试验

(一)典型原始记录表(检测数据部分)

样品信息	样品名称:P·O42.5;样品编号:YP-2024-SN-0009;样品数量:50kg;样品状态:整袋,包装完好;来样时间:2024年10月20日						
试验检测日期	2024年10月25日			试验条件		温度:20℃,湿度:70%RH	
检测依据	GB/T 1346—2011、GB/T 17671—2021			判定依据		GB 175—2023	
主要仪器设备名称及编号							

制件日期及时间	试验日期及时间	龄期	抗折			抗压				
			破坏荷载(kN)	抗折强度(MPa)	平均值(MPa)	破坏荷载(kN)		抗压强度(MPa)		平均值(MPa)
2020/10/25	2020/10/28	3天	2.391	5.6	5.6	43.47	42.31	27.2	26.4	26.7
			2.386	5.6		42.38	42.18	26.8	26.4	
			2.357	5.5		43.14	42.17	27.0	26.4	
	2020/11/22	28天	3.846	9	8.8	78.31	81.02	48.9	50.6	49.4
			3.714	8.7		77.68	79.14	48.6	49.5	
			3.723	8.7		77.86	80.63	48.7	50.4	

附加声明:

检测:×××　　　　　记录:×××　　　　　复核:×××　　　　　日期:××××年××月××日

(二)空白原始记录表(摘录)

样品信息							
试验检测日期				试验条件		温度: ℃,湿度: %RH	
检测依据				判定依据			
主要仪器设备名称 及编号							

制件日期 及时间	试验日期 及时间	龄期	抗折			抗压		
			破坏荷载 (kN)	抗折强度 (MPa)	平均值 (MPa)	破坏荷载 (kN)	抗压强度 (MPa)	平均值 (MPa)

附加声明:

检测: 记录: 复核: 日期: 年 月 日

试验结果计算过程:

试验十 水泥胶砂流动度试验

(一) 典型原始记录表(检测数据部分)

样品信息	样品名称:P·O42.5;样品编号:YP-2024-SN-0009;样品数量:50kg;样品状态:整袋,包装完好;来样时间:2024年10月20日				
试验检测日期	2024年10月25日		试验条件		温度:20℃,湿度:75%RH
检测依据	GB/T 1345—2005、GB/T 208—2014、GB/T 2419—2005		判定依据		GB 175—2023
主要仪器设备名称及编号					
试件编号	砂的类型	最大扩展直径(mm)	垂直直径(mm)	流动度(mm)	平均值(mm)
1	ISO 标准砂	198	203	200	201
2	ISO 标准砂	201	203	202	

附加声明:

检测:×××　　　　　记录:×××　　　　　复核:×××　　　　　日期:××××年××月××日

(二) 空白原始记录表(摘录)

样品信息					
试验检测日期			试验条件		温度: ℃,湿度: %RH
检测依据			判定依据		
主要仪器设备名称及编号					
试件编号	砂的类型	最大扩展直径(mm)	垂直直径(mm)	流动度(mm)	平均值(mm)

附加声明:

检测:　　　　　　　记录:　　　　　　　复核:　　　　　　　日期:　　年　　月　　日

试验十一 岩石单轴抗压强度试验

(一) 典型原始记录表(检测数据部分)

样品信息												
试验检测日期						试验条件				温度: ℃,湿度: %RH		
检测依据						判定依据						
主要仪器设备名称及编号												

试样用途	桥梁工程			岩石层理描述		无显著层理、无裂软、无缺角、上下端面平整			试件形状	立方体	试件含水状态	饱水
试件编号	顶面边长(mm)				底面边长(mm)				截面积(mm²)	试件破坏荷载(kN)	抗压强度(MPa)	平均抗压强度(MPa)
	1	2	3	4	1	2	3	4				
1	68.6	69.2	70.5	68.0	69.2	71.3	71.9	71.1	4893.59	195.2	39.9	40.4
2	69.2	71.5	71.1	70.9	68.1	69.4	71.8	68.4	4910.64	203.7	41.5	
3	68.2	70.1	71.7	69.9	70.2	70.3	69.3	70.0	4892.64	195.8	40.0	
4	71.1	68.3	71.5	72.0	68.5	69.8	69.2	69.4	4900.01	195.4	39.9	
5	70.0	68.2	68.7	70.9	68.1	69.7	71.7	68.6	4829.98	202.9	42.0	
6	68.7	71.5	69.3	72.0	71.1	71.9	70.3	70.7	4994.90	194.4	38.9	

附加声明:

检测:×××   记录:×××   复核:×××   日期:××××年××月××日

(二)空白原始记录表(摘录)

样品信息											
试验检测日期							试验条件		温度: ℃,湿度: %RH		
检测依据							判定依据				
主要仪器设备名称及编号											

试样用途			岩石层理描述					试件形状		试件含水状态	
试件编号	顶面边长(mm)				底面边长(mm)				截面积(mm²)	试件破坏荷载(kN)	抗压强度(MPa)	平均抗压强度(MPa)
	1	2	3	4	1	2	3	4				
1												
2												
3												
4												
5												
6												

附加声明:

检测:　　　　　记录:　　　　　复核:　　　　　日期:　　年　月　日

试验十二　粗集料的筛分试验(干筛法)

(一)典型原始记录表(检测数据部分)

样品信息	样品名称:水泥混凝土用石子;样品编号:YP-2024-JL-0009;样品数量:40kg;样品状态:洁净,无杂质;来样时间:2024 年 11 月 20 日								
试验检测日期					试验条件		温度:21℃,湿度:75% RH		
检测依据	JTG 3432—2024				判定依据				
主要仪器设备名称及编号									

干燥试样总量(g)	第一组				第二组				平均累计筛余率(%)
	4005				4015				
筛孔尺寸(mm)	筛上重(g)	分计筛余(%)	累计筛余(%)	通过百分率(%)	筛上重(g)	分计筛余(%)	累计筛余(%)	通过百分率(%)	
37.5	0	0.0	0.0	100.0	0	0.0	0.0	100.0	0
31.5	0	0.0	0.0	100.0	0	0.0	0.0	100.0	0
26.5	1471	36.7	36.7	63.3	1473	36.7	36.7	63.3	36.7
19	1315	32.8	69.6	30.4	1305	32.5	69.2	30.8	69.4
16	1082	27.0	96.6	3.4	1086	27	96.2	3.8	96.4
9.5	75	1.9	98.5	1.5	97	2.4	98.7	1.3	98.6
底盘	59	1.5	99.9	0.1	51	1.3	99.9	0.1	99.9
筛分后总量(g)	4002.0				4012.0				
损耗(g)	3.0				3.0				
损耗率(%)	0.07				0.07				

附加声明:

| 检测:×××　　　　　记录:×××　　　　　复核:×××　　　　　日期:××××年××月××日 |

(二)空白原始记录表(摘录)

样品信息									
试验检测日期					试验条件		温度：　℃,湿度：　%RH		
检测依据					判定依据				
主要仪器设备名称 及编号									

干燥试样总量 (g)	第一组				第二组				平均累计筛余率 (%)
筛孔尺寸 (mm)	筛上重 (g)	分计筛余 (%)	累计筛余 (%)	通过百分率 (%)	筛上重 (g)	分计筛余 (%)	累计筛余 (%)	通过百分率 (%)	
筛分后总量(g)									
损耗(g)									
损耗率(%)									

附加声明：

检测：　　　　　　　　记录：　　　　　　　　复核：　　　　　　　　日期：　　年　　月　　日

试验十三　粗集料压碎值、针片状颗粒含量(规准仪法)试验

(一)典型原始记录表(检测数据部分)

样品信息						
试验检测日期			试验条件		温度：　℃,湿度：　%RH	
检测依据			判定依据			
主要仪器设备名称及编号						

	试验前试样质量(g)	试样筛余质量(g)	<2.36mm 筛质量(g)	压碎值(%)	平均压碎值(%)	
压碎值指标	2600	2302	298	11.5	12.0	
	2600	2277	323	12.4		
	2600	2286	314	12.1		

	组号			1			
针片状颗粒含量	粒级(mm)	4.75~9.5	9.5~16	16~19	19~26.5	26.5~31.5	31.5~37.5
	针状质量(g)	23.1	23.4	47.2	40.3	27.3	0.0
	片状质量(g)	17.2	35.3	41.6	59.8	20.1	0.0
	针片状质量(g)	40.3	58.7	88.8	100.1	47.4	0.0
	试样总质量(g)	5030	针片状总质量(g)		335.3	针片状含量(%)	6.7

附加声明：

检测：×××　　　　记录：×××　　　　复核：×××　　　　日期：××××年××月××日

(二) 空白原始记录表(摘录)

样品信息					
试验检测日期			试验条件		温度：　℃,湿度：　%RH
检测依据			判定依据		
主要仪器设备名称及编号					

压碎值指标	试验前试样质量(g)	试样筛余质量(g)	<2.36mm筛质量(g)	压碎值(%)	平均压碎值(%)

针片状颗粒含量	组号						
	粒级(mm)	4.75~9.5	9.5~16	16~19	19~26.5	26.5~31.5	31.5~37.5
	针状质量(g)						
	片状质量(g)						
	针片状质量(g)						
	试样总质量(g)		针片状总质量(g)			针片状含量(%)	

附加声明：

试验十四　粗集料的针片状颗粒含量试验(卡尺法)

(一)典型原始记录表(检测数据部分)

样品信息				
试验检测日期		试验条件	温度：　℃,湿度：　%RH	
检测依据		判定依据		
主要仪器设备名称及编号				
试验次数	试验用集料总质量(g)	针片状颗粒质量(g)	针片状颗粒含量(%)	平均值(%)
1	1085	51	4.7	
2	1080	49	4.5	
				4.6

附加声明：

检测：×××　　　　　记录：×××　　　　　复核：×××　　　　　日期：××××年××月××日

(二)空白原始记录表(摘录)

样品信息				
试验检测日期		试验条件	温度： ℃,湿度： %RH	
检测依据		判定依据		
主要仪器设备名称及编号				
试验次数	试验用集料总质量(g)	针片状颗粒质量(g)	针片状颗粒含量(%)	平均值(%)

附加声明：

检测：　　　　　　　　　记录：　　　　　　　　　复核：　　　　　　　　　日期：　　年　　月　　日

试验十五　粗集料的磨耗试验(洛杉矶法)

(一)典型原始记录表(检测数据部分)

样品信息					
试验检测日期			试验条件	温度：　℃,湿度：　%RH	
检测依据			判定依据		
主要仪器设备名称 及编号					
粒级组成(mm)	试样质量 m_i(g)	试验前总质量 m_1(g)	试验后在1.7mm筛上洗净烘干的试样质量 m_2(g)	洛杉矶磨耗损失(%)	平均值(%)
9.5~16	5000				
		5000	4335	13.3	
9.5~16	5000				
		5000	4330	13.4	13.4

附加声明：

检测：×××　　　　　记录：×××　　　　　复核：×××　　　　　日期：××××年××月××日

(二)空白原始记录表(摘录)

样品信息					
试验检测日期			试验条件		温度： ℃,湿度： %RH
检测依据			判定依据		
主要仪器设备名称及编号					

粒级组成(mm)	试样质量 m_i(g)	试验前总质量 m_1(g)	试验后在1.7mm筛上洗净烘干的试样质量 m_2(g)	洛杉矶磨耗损失(%)	平均值(%)

附加声明：

检测：　　　　　　　记录：　　　　　　　复核：　　　　　　　日期：　　年　　月　　日

试验十六　粗集料密度及吸水率试验(网篮法)

(一)典型原始记录表(检测数据部分)

样品信息	样品名称:水泥混凝土用石子;样品编号:YP-2024-JL-0009;样品数量:40kg;样品状态:洁净,无杂质;来样时间:2024 年 11 月 20 日				
试验检测日期			试验条件		温度:　℃,湿度:　%RH
检测依据	JTG 3432—2024		判定依据		
主要仪器设备名称及编号					

	容量筒质量(kg)	容量筒与试样总质量(kg)	容量筒容积(L)	堆积密度(t/m³)	堆积密度平均值(t/m³)
堆积密度	1.283	17.342	10.027	1.573	1.574
	1.283	17.388	10.027	1.574	

	集料水中质量(g)	集料表干质量(g)	集料烘干质量(g)	水温(℃)	水密度(g/cm³)	表观密度(g/cm³)	表观密度平均值(g/cm³)
表观密度	981.2	1567.3	1576.2	19	0.99843	2.670	2.670
	983.6	1571.5	1580.3	19	0.99843	2.669	

吸水率(%)		表干相对密度		毛体积相对密度		表观相对密度		表干密度(g/cm³)		毛体积密度(g/cm³)	
单值	平均值	单值	平均值	单值	平均值	单值	平均值	单值	平均值	单值	平均值
0.57	0.56	2.649	2.648	2.634	2.634	2.674	2.674	2.645	2.644	2.630	2.630
0.56		2.648		2.634		2.673		2.644		2.630	

空隙率 = (1 − 自然密度/表观密度) × 100 =	41.0	%

附加声明:

检测:×××	记录:×××	复核:×××	日期:××××年××月××日

(二) 空白原始记录表(摘录)

样品信息					
试验检测日期			试验条件	温度: ℃,湿度: %RH	
检测依据			判定依据		
主要仪器设备名称及编号					

堆积密度	容量筒质量(kg)	容量筒与试样总质量(kg)	容量筒容积(L)	堆积密度(t/m³)	堆积密度平均值(t/m³)

表观密度	集料水中质量(g)	集料表干质量(g)	集料烘干质量(g)	水温(℃)	水密度(g/cm³)	表观密度(g/cm³)	表观密度平均值(g/cm³)

吸水率(%)		表干相对密度		毛体积相对密度		表观相对密度		表干密度(g/cm³)		毛体积密度(g/cm³)	
单值	平均值	单值	平均值	单值	平均值	单值	平均值	单值	平均值	单值	平均值

空隙率 = (1 - 自然密度/表观密度) × 100 = %

附加声明:

检测:　　　　　　　　记录:　　　　　　　　复核:　　　　　　　　日期:　　年　　月　　日

试验十七　粗集料的磨光值试验

(一) 典型原始记录表 (检测数据部分)

样品信息										
试验检测日期							试验条件		温度：　℃,湿度：　%RH	
检测依据							判定依据			
主要仪器设备名称 及编号										
集料编号	试验次数	试件编号	单个试件磨光值读数					平均磨光值读数	平均值	磨光值
			1	2	3	4	5			
标准集料	1	13	48.6	48.2	48.2	48.4	47.6	48.2	48.4	45
		14	46.3	47.2	46.8	46.5	47.2	46.8		
	2	13	49.1	48.5	48.5	48.8	48.1	48.6		
		14	50.1	49.7	50.0	50.0	50.2	50.0		
	1	1	44.2	44.3	44.3	44.1	44.6	44.3	44.4	
		2	43.3	43.3	43.8	43.9	43.2	43.5		
	2	3	44.8	44.3	44.4	44.7	43.8	44.4		
		4	45.1	44.9	45.9	45.7	45.4	45.4		

附加声明：

检测：×××　　　　　记录：×××　　　　　复核：×××　　　　　日期：××××年××月××日

（二）空白原始记录表（摘录）

样品信息											
试验检测日期							试验条件	温度：　℃,湿度：　%RH			
检测依据							判定依据				
主要仪器设备名称及编号											

集料编号	试验次数	试件编号	单个试件磨光值读数					平均磨光值读数	平均值	磨光值
			1	2	3	4	5			

附加声明：

试验十八　细集料的筛分试验(干筛法)

(一) 典型原始记录表(检测数据部分)

样品信息								
试验检测日期				试验条件			温度：　℃,湿度：　%RH	
检测依据				判定依据				
主要仪器设备名称及编号								
干燥试样质量(g)	第一组			第二组				
	508.5			507.5				
筛孔尺寸(mm)	分计筛余质量(g)	分计筛余百分率(%)	累计筛余百分率(%)	分计筛余质量(g)	分计筛余百分率(%)	累计筛余百分率(%)	平均累计筛余百分率(%)	平均通过百分率(%)
9.5	0	0.0	0.0	0	0.0	0.0	0	100.0
4.75	38.5	7.6	7.6	39.0	7.7	7.7	7.6	92.4
2.36	62.5	12.3	19.9	61.5	12.1	19.8	19.8	80.2
1.18	52.5	10.3	30.2	53.0	10.4	30.2	30.2	69.8
0.6	143.5	28.2	58.4	146.0	28.8	59.0	58.7	41.3
0.3	141.0	27.7	86.1	140.5	27.7	86.7	86.4	13.6
0.15	55.5	10.9	97.1	54.0	10.6	97.3	97.2	2.8
底盘	14.0	2.8	99.8	12.5	2.5	99.8	99.8	0.2
合计质量(g)	507.5			506.5				
损耗(g)	1.0			1.0				
损耗率(%)	0.20			0.20				
细度模数	Mx1 =	2.75		Mx2 =	2.76	平均细度模数 =		2.76

附加声明：

检测：×××　　　　记录：×××　　　　复核：×××　　　　日期：××××年××月××日

(二)空白原始记录表(摘录)

样品信息								
试验检测日期				试验条件		温度: ℃,湿度: %RH		
检测依据				判定依据				
主要仪器设备名称及编号								
干燥试样质量(g)	第一组			第二组				
筛孔尺寸(mm)	分计筛余质量(g)	分计筛余(%)	累计筛余(%)	分计筛余质量(g)	分计筛余百分率(%)	累计筛余(%)	平均累计筛余(%)	平均通过百分率(%)
合计质量(g)								
损耗(g)								
损耗率(%)								
细度模数	Mx1 =		Mx2 =		平均细度模数 =			

附加声明:

检测:　　　　　记录:　　　　　复核:　　　　　日期:　　年　　月　　日

试验十九　细集料含泥量试验

(一) 典型原始记录表 (检测数据部分)

样品信息					
试验检测日期			试验条件		
检测依据			判定依据		
主要仪器设备名称及编号					

级配范围	试验前的烘干质量 (g)	试验后的烘干质量 (g)	含泥量 (%)	平均含泥量 (%)
0～4.75	402.5	396.5	1.49	1.5
	401.0	395.2	1.45	

附加声明:

检测:×××　　　　　记录:×××　　　　　复核:×××　　　　　日期:××××年××月××日

(二)空白原始记录表(摘录)

样品信息				
试验检测日期		试验条件		
检测依据		判定依据		
主要仪器设备名称及编号				

级配范围	试验前的烘干质量 (g)	试验后的烘干质量 (g)	含泥量 (%)	平均含泥量 (%)

附加声明:

检测:　　　　　　　　记录:　　　　　　　　复核:　　　　　　　　日期:　　年　　月　　日

试验二十 细集料砂当量试验

(一)典型原始记录表(检测数据部分)

样品信息						
试验检测日期			试验条件			
检测依据			判定依据			
主要仪器设备名称 及编号						
试验次数	相当于干燥试样 120g 时的 潮湿试样质量(g)	试筒中絮凝物 和沉淀物的总高度 (mm)	试筒中用活塞 测定的集料 沉淀物的高度 (mm)	试筒内 的温度 (℃)	砂当量 SE (%)	平均砂 当量 SE (%)
1	122.2	150.2	98.6	23	66	66
2	122.2	150.6	99.1	23	66	

附加声明:

检测:×××　　　　　记录:×××　　　　　复核:×××　　　　　日期:××××年××月××日

(二) 空白原始记录表(摘录)

样品信息						
试验检测日期			试验条件			
检测依据			判定依据			
主要仪器设备名称及编号						
试验次数	相当于干燥试样120g时的潮湿试样质量(g)	试筒中絮凝物和沉淀物的总高度(mm)	试筒中用活塞测定的集料沉淀物的高度(mm)	试筒内的温度(℃)	砂当量SE(%)	平均砂当量SE(%)

附加声明:

检测:　　　　　　　记录:　　　　　　　复核:　　　　　　　日期:　　年　月　日

试验二十一　细集料的堆积密度及空隙率试验

(一) 典型原始记录表 (检测数据部分)

样品信息	样品名称:水泥混凝土用砂;样品编号:YP-2024-JL-0009;样品数量:10kg;样品状态:洁净,无杂质;来样时间:2024 年 11 月 20 日				
试验检测日期			试验条件		温度: ℃,湿度: %RH
检测依据	JTG 3432—2024		判定依据		
主要仪器设备名称及编号					

容量筒标定	试验次数	水温 (℃)	容量筒和玻璃板总质量 (g)	容量筒、玻璃板和水总质量 (g)	容量筒容积 (mL)	平均容量筒容积 (mL)
	1	21.8	686.2	1686.2	1000.0	1000.0
	2	21.8	686.2	1686.1	999.9	

堆积密度	容量筒质量 (g)	容量筒与试样总质量 (g)	容量筒容积 (mL)	堆积密度 (g/cm³)	平均堆积密度(g/cm³)
	350.0	1882.7	1000.0	1.533	1.521
	350.0	1859.4	1000.0	1.509	

表观密度(g/cm³)	2.624	空隙率(%) = (1 - 堆积密度/表观密度) ×100 =	42.0

附加声明:

检测:×××　　　　　记录:×××　　　　　复核:×××　　　　　日期:××××年××月××日

(二)空白原始记录表(摘录)

样品信息				
试验检测日期		试验条件		温度： ℃,湿度： %RH
检测依据		判定依据		
主要仪器设备名称 及编号				

容量筒标定	试验次数	水温 (℃)	容量筒和玻璃板总质量 (g)	容量筒、玻璃板和水总质量 (g)	容量筒容积 (mL)	平均容量筒容积 (mL)

堆积密度	容量筒质量 (g)	容量筒与试样总质量 (g)	容量筒容积 (mL)	堆积密度(g/cm³)	平均堆积密度(g/cm³)

表观密度(g/cm³)		空隙率(%) = (1 - 堆积密度/表观密度)×100 =

附加声明：

检测：　　　　　　　　　记录：　　　　　　　　　复核：　　　　　　　　　日期：　　年　　月　　日

试验二十二 细集料密度及吸水率试验(坍落筒法)

(一)典型原始记录表(检测数据部分)

样品信息						
试验检测日期			试验条件		温度: ℃,湿度: %RH	
检测依据			判定依据			
主要仪器设备名称及编号						

表观密度	试样烘干质量(g)	瓶+水质量(g)	试样、水及瓶质量(g)	水温(℃)	水密度(g/cm³)	表观密度(g/cm³)	平均表观密度(g/cm³)
	300.1	626.0	814.2	23	0.99756	2.675	2.674
	300.0	625.9	813.9	23	0.99756	2.672	

密度及吸水率	试验次数	饱和面干试样质量(g)	饱和面干试样、水及容量瓶总质量(g)	水及容量瓶总质量(g)	试样烘干质量(g)	水温(℃)	水温修正系数	水密度(g/cm³)	表观密度(g/cm³)	表观密度平均值(g/cm³)
	1	300.1	866.7	682.2	294.6	23	0.006	0.99756	2.669	2.670
	2	300.0	810.0	625.5	294.5	23	0.006	0.99756	2.670	
	试验次数	吸水率(%)		毛体积密度(g/cm³)		表干密度(g/cm³)		饱和面干吸水率(%)		
		单值	平均值	单值	平均值	单值	平均值	单值	平均值	
	1	1.87	1.87	2.542	2.543	2.590	2.590	1.83	1.83	
	2	1.87		2.544		2.591		1.83		

附加声明:

检测:×××	记录:×××	复核:×××	日期:××××年××月××日

(二)空白原始记录表(摘录)

样品信息						
试验检测日期			试验条件		温度： ℃,湿度： %RH	
检测依据			判定依据			
主要仪器设备名称及编号						

表观密度	试样烘干质量(g)	瓶+水质量(g)	试样、水及瓶质量(g)	水温(℃)	水密度(g/cm³)	表观密度(g/cm³)	平均表观密度(g/cm³)

密度及吸水率	试验次数	饱和面干试样质量(g)	饱和面干试样、水及容量瓶总质量(g)	水及容量瓶总质量(g)	试样烘干质量(g)	水温(℃)	水温修正系数	水密度(g/cm³)	表观密度(g/cm³)	表观密度平均值(g/cm³)

密度及吸水率	试验次数	吸水率(%)		毛体积密度(g/cm³)		表干密度(g/cm³)		饱和面干吸水率(%)	
		单值	平均值	单值	平均值	单值	平均值	单值	平均值

附加声明：

检测： 记录： 复核： 日期： 年 月 日

试验二十三　水泥混凝土拌合物稠度试验(坍落度仪法)

(一) 典型原始记录表(检测数据部分)

样品信息	配合比(每立方用量 kg)		样品名称	
	水泥	364	来样时间	
	砂	661	样品编号	
	石	1125	样品数量	
	水	200	样品状态	
			制样情况	
			抽样情况	
试验检测日期			试验条件	温度：　℃,湿度：　%RH
检测依据			判定依据	
主要仪器设备名称及编号				

试验次数		1	2	3
棍度(上、中、下)		上	上	上
含砂情况(多、中、下)		中	中	中
黏聚性(良好、不好)		良好	良好	良好
保水性(多量、少量、无)		无	无	无
坍落度(mm)	坍落度实测值	83	86	85
	坍落度平均值	85		
扩展度(mm)	扩展后最大直径	/	/	/
	扩展后最小直径	/	/	/
	扩展度	/	/	/
	扩展度平均值	/		

续上表

			扩展后最大直径 （mm）	扩展后最小直径 （mm）	扩展度 （mm）	

附加声明：

检测：×××　　　　　　记录：×××　　　　　　复核：×××　　　　　　日期：××××年××月××日

(二)空白原始记录表(摘录)

样品信息	配合比(每立方用量 kg)		样品名称	
	水泥		来样时间	
	砂		样品编号	
	石		样品数量	
	水		样品状态	
			制样情况	
			抽样情况	
试验检测日期			试验条件	温度： ℃,湿度： %RH
检测依据			判定依据	
主要仪器设备名称及编号				

试验次数		1	2	3
棍度(上、中、下)				
含砂情况(多、中、下)				
黏聚性(良好、不好)				
保水性(多量、少量、无)				
坍落度(mm)	坍落度实测值			
	坍落度平均值			
扩展度(mm)	扩展后最大直径	/	/	/
	扩展后最小直径	/	/	/
	扩展度	/	/	/
	扩展度平均值		/	

续上表

			扩展后最大直径 (mm)	扩展后最小直径 (mm)	扩展度 (mm)	

附加声明:

检测:	记录:	复核:	日期:	年 月 日

试验二十四　水泥混凝土拌合物体积密度试验

(一)典型原始记录表(检测数据部分)

样品信息	配合比(每立方用量 kg)		样品名称	
	水泥	364	来样时间	
	砂	661	样品编号	
	石	1125	样品数量	
	水	200	样品状态	
			制样情况	
			抽样情况	
试验检测日期			试验条件	温度：　℃,湿度：　%RH
检测依据			判定依据	
主要仪器设备名称及编号				

体积密度					
试验次数	试样筒质量 (kg)	筒＋混凝土质量 (kg)	试样筒体积 (L)	拌合物 体积密度 (kg/m³)	拌合物平均 体积密度 (kg/m³)
1	0.85	12.580	4.986	2350	2350
2	0.85	12.590	4.986	2350	

附加声明：

检测：×××　　　　　记录：×××　　　　　复核：×××　　　　　日期：××××年××月××日

(二) 空白原始记录表(摘录)

样品信息	配合比(每立方用量 kg)		样品名称	
	水泥		来样时间	
	砂		样品编号	
	石		样品数量	
	水		样品状态	
			制样情况	
			抽样情况	
试验检测日期			试验条件	温度: ℃,湿度: %RH
检测依据			判定依据	
主要仪器设备名称及编号				

体积密度

试验次数	试样筒质量 (kg)	筒+混凝土质量 (kg)	试样筒体积 (L)	拌合物 体积密度 (kg/m³)	拌合物平均 体积密度 (kg/m³)

附加声明:

检测: 记录: 复核: 日期: 年   月   日

试验二十五　水泥混凝土立方体抗压强度试验

（一）典型原始记录表（检测数据部分）

样品信息											
试验检测日期					试验条件				温度：　℃，湿度：　%RH		
检测依据					判定依据						
主要仪器设备名称及编号											
组号	试件编号	制件日期	试验日期	龄期（d）	尺寸换算系数	破坏荷载（kN）		抗压强度（MPa）		换算强度（MPa）	达到设计强度百分比（%）
								单值	平均值		
	01					702.79	31.2				
	02	2024/6/20	2024/7/18	28	1.00	707.53	31.4	31.2	31.2		124.8
	03					695.26	30.9				

附加声明：

检测：×××	记录：×××	复核：×××	日期：××××年××月××日

(二)空白原始记录表(摘录)

样品信息										
试验检测日期					试验条件			温度: ℃,湿度: %RH		
检测依据					判定依据					
主要仪器设备名称及编号										

组号	试件编号	制件日期	试验日期	龄期 (d)	尺寸换算系数	破坏荷载 (kN)	抗压强度 (MPa)		换算强度 (MPa)	达到设计强度百分比 (%)
							单值	平均值		

附加声明:

检测: 　　　　记录: 　　　　复核: 　　　　日期: 　年　月　日

试验二十六　水泥混凝土抗弯拉强度试验

(一) 典型原始记录表 (检测数据部分)

样品信息									
试验检测日期					试验条件		温度:21℃,湿度:64%RH		
检测依据					判定依据				
主要仪器设备名称及编号									
设计强度 (MPa)	4.5				支座间距 (mm)		450		
部位	制件日期	压件日期	龄期（d）	试件编号	试件下边缘断裂位置（mm）	破坏荷载（kN）	抗弯拉强度单值（MPa）	尺寸换算系数	抗弯拉强度平均值（MPa）	占设计强度百分比（%）
板块修复	2024/4/14	2024/5/12	28	1	214	42.12	5.62	1.00	5.52	122.7
				2	221	40.96	5.46			
				3	253	41.16	5.49			

附加声明：

检测:×××　　　　记录:×××　　　　复核:×××　　　　日期:××××年××月××日

(二)空白典型原始记录表(检测数据部分)

样品信息										
试验检测日期					试验条件			温度: ℃,湿度: %RH		
检测依据					判定依据					
主要仪器设备名称及编号										
设计强度(MPa)					支座间距(mm)					
部位	制件日期	压件日期	龄期(d)	试件编号	试件下边缘断裂位置(mm)	破坏荷载(kN)	抗弯拉强度单值(MPa)	尺寸换算系数	抗弯拉强度平均值(MPa)	占设计强度百分比(%)

附加声明:

检测:　　　　　　记录:　　　　　　复核:　　　　　　日期:　　年　　月　　日

试验二十七　水泥混凝土的抗渗性试验

(一)典型原始记录表(检测数据部分)

样品信息								
检测日期					试验条件			
检测依据					判定依据			
主要仪器设备名称及编号								
成型时间				龄期(d)			试件尺寸(mm)	

原材料品种、规格、产地及配合比

材料名称	水泥	天然砂	碎石1	碎石2	减水剂		
规格	P·O42.5	0~4.75mm	5~10mm	10~20mm	缓凝型		
产地	/	/	/	/	/		
比例	484	661	433	647	5.324		

日期	加水时间		水压力(MPa)	试件表面渗水记录					
	起	止		1	2	3	4	5	6
2020-9-9	14:30	22:30	0.1	●	●	●	●	●	●
2020-9-9	22:30	06:30	0.2	●	●	●	●	●	●
2020-9-10	06:30	14:30	0.3	●	●	●	●	●	●
2020-9-10	14:30	22:30	0.4	●	●	●	●	●	●
2020-9-10	22:30	06:30	0.5	●	●	●	●	●	●
2020-9-11	06:30	14:30	0.6	●	●	●	●	●	●

续上表

日期	加水时间		水压力 (MPa)	试件表面渗水记录					
	起	止		1	2	3	4	5	6
2020-9-11	14:30	22:30	0.7	●	●	●	●	●	●
2020-9-11	22:30	06:30	0.8	●	●	●	●	●	●

说明:混凝土表面无渗水标记为●;混凝土四周渗水标记为○;混凝土表面渗水标记为★

附加声明:

检测:×××　　　　　　记录:×××　　　　　　复核:×××　　　　　　日期:××××年××月××日

(二) 空白原始记录表 (摘录)

样品信息							
检测日期			试验条件				
检测依据			判定依据				
主要仪器设备名称及编号							
成型时间		龄期(d)			试件尺寸(mm)		

原材料品种、规格、产地及配合比

材料名称								
规格								
产地								
比例								

日期	加水时间		水压力（MPa）	试件表面渗水记录					
	起	止		1	2	3	4	5	6

续上表

日期	加水时间		水压力 (MPa)	试件表面渗水记录					
	起	止		1	2	3	4	5	6

说明:混凝土表面无渗水标记为●;混凝土四周渗水标记为○;混凝土表面渗水标记为★

附加声明:

检测:	记录:	复核:	日期: 年 月 日

试验二十八　水泥混凝土的棱柱体抗压弹性模量试验

（一）典型原始记录表（检测数据部分）

样品信息												
检测日期						试验条件						
检测依据						判定依据						
主要仪器设备名称及编号												
制件日期	2024-11-11			试验日期		2024-12-09			龄期(d)		28	
初荷载 F_0(N)	11250			终荷载 F_a(N)		310500			测量标距(mm)		150	
试件尺寸(mm)	$150 \times 150 \times 300$								轴心抗压强度(MPa)		41.4	
编号	1				2				3			
荷载	F_0		F_a		F_0		F_a		F_0		F_a	
变形仪	左	右	左	右	左	右	左	右	左	右	左	右
变形值(mm) 读数	0.065	0.079	0.132	0.166	0.074	0.076	0.132	0.158	0.064	0.070	0.107	0.138
$\Delta_n = \Delta_a - \Delta_0$	0.077				0.070				0.050			
循环后破坏荷载(kN)	928.94				916.26				922.21			
循环后轴心抗压强度(kN)	41.3				40.7				41.0			
E_c(MPa)	25900				28500				36300			
E_c 平均值(MPa)	30200											

附加声明：

检测：×××　　　　记录：×××　　　　复核：×××　　　　日期：××××年××月××日

(二) 空白原始记录表(摘录)

样品信息											
检测日期						试验条件					
检测依据						判定依据					
主要仪器设备名称及编号											
制件日期				试验日期				龄期(d)			
初荷载 F_0(N)				终荷载 F_a(N)				测量标距(mm)			
试件尺寸								轴心抗压强度(MPa)			
编号	1				2				3		
荷载	F_0		F_a		F_0		F_a		F_0		F_a	
变形仪	左	右	左	右	左	右	左	右	左	右	左	右
变形值(mm) 读数												
$\Delta_n = \Delta_a - \Delta_0$												
循环后破坏荷载(kN)												
循环后轴心抗压强度(kN)												
E_c(MPa)												
E_c 平均值(MPa)												

附加声明:

检测:	记录:	复核:	日期:	年 月 日

试验二十九　水泥混凝土拌合物含气量试验

(一) 典型原始记录表(检测数据部分)

样品信息				
试验检测日期		试验条件		温度：　℃,湿度：　%RH
检测依据		判定依据		
主要仪器设备名称及编号				
混凝土样品仪器测定含气量	仪器测定含气量 A_1(%)			平均值(%)
	第一次	第二次	第三次	
	4.2	4.1	4.0	4.1
集料含气量测定	集料含气量 C(%)			平均值(%)
	第一次	第二次	第三次	
	0.8	0.7	0.9	0.8
混凝土拌合物含气量(%)				3.3

附加声明：

检测：×××　　　　　　记录：×××　　　　　　复核：×××　　　　　　日期：××××年××月××日

(二)空白原始记录表(摘录)

样品信息					
试验检测日期			试验条件	温度: ℃,湿度: %RH	
检测依据			判定依据		
主要仪器设备名称及编号					
混凝土样品仪器测定含气量	仪器测定含气量 A_1 (%)			平均值(%)	
	第一次	第二次	第三次		
集料含气量测定	集料含气量 C (%)			平均值(%)	
	第一次	第二次	第三次		
混凝土拌合物含气量(%)					

附加声明:

检测: 　　　　　　记录: 　　　　　　复核: 　　　　　　日期: 　年　月　日

试验三十　水泥混凝土拌合物的凝结时间试验

（一）典型原始记录表（检测数据部分）

水泥混凝土类型				基准							
1				2				3			
测试时间 （min）	贯入压力 （N）	贯入测针 截面面积 （mm²）	单位面积 贯入阻力 （MPa）	测试时间 （min）	贯入压力 （N）	贯入测针 截面面积 （mm²）	单位面积 贯入阻力 （MPa）	测试时间 （min）	贯入压力 （N）	贯入测针 截面面积 （mm²）	单位面积 贯入阻力 （MPa）
260	0	100	0	260	0	100	0	260	0	100	0
290	11	100	0.1	290	13	100	0.1	290	14	100	0.1
320	29	100	0.3	320	33	100	0.3	320	34	100	0.3
350	64	100	0.6	350	68	100	0.7	350	73	100	0.7
380	113	100	1.1	380	124	100	1.2	380	126	100	1.3
410	179	100	1.8	410	189	100	1.9	410	197	100	2.0
440	258	100	2.6	440	268	100	2.7	440	275	100	2.8
470	364	100	3.6	470	572	100	3.7	470	376	100	3.8
单位面积贯入阻力与测试时间关系曲线											
初凝时间（min）	467			464				461			
终凝时间（min）											
平均初凝时间（min）				465							
平均终凝时间（min）											

附加声明：

检测：×××　　　　　　　记录：×××　　　　　　　复核：×××　　　　　　　日期：××××年××月××日

(二)空白原始记录表(摘录)

样品信息											
试验检测日期					试验条件			温度: ℃,湿度: %RH			
检测依据					判定依据						
主要仪器设备名称及编号											
水泥混凝土类型					基准						
1				2				3			
测试时间 (min)	贯入压力 (N)	贯入测针 截面面积 (mm²)	单位面积 贯入阻力 (MPa)	测试时间 (min)	贯入压力 (N)	贯入测针 截面面积 (mm²)	单位面积 贯入阻力 (MPa)	测试时间 (min)	贯入压力 (N)	贯入测针 截面面积 (mm²)	单位面积 贯入阻力 (MPa)
单位面积贯入阻力与测试时间关系曲线											
初凝时间(min)											
终凝时间(min)											
平均初凝时间(min)											
平均终凝时间(min)											

附加声明:

检测:　　　　　　　　记录:　　　　　　　　复核:　　　　　　　　日期:　　年　　月　　日

试验三十一　建筑砂浆稠度、保水性试验

(一) 典型原始记录表(检测数据部分)

样品信息					
试验检测日期			试验条件		温度：　℃,湿度：　%RH
检测依据			判定依据		
主要仪器设备名称及编号					
稠度	水胶比	试验次数	初始读数(mm)	终读数(mm)	稠度(mm)	稠度平均值(mm)
	1.00	1	18	55	37	36
		2	25	60	35	
保水率	干燥试模与底部不透水片质量 m_1(g)	试模、底部不透水片与砂浆总质量 m_3(g)	15片滤纸吸水前的质量 m_2(g)	15片滤纸吸水后的质量 m_4(g)	保水率(%)	平均值(%)
	688	12.6	1080.7	20.1	86.4	86.4
	688	12.8	1081.2	20.3	86.4	
含水率	试验次数	砂浆样本总质量(g)	烘干后砂浆样本的质量(g)	含水率(%)	平均值(%)	
	1	105	90	14.3	13.6	
	2	103	89	13.6		

附加声明：

检测：×××　　　　记录：×××　　　　复核：×××　　　　日期：××××年××月××日

(二)空白原始记录表(摘录)

样品信息						
试验检测日期				试验条件		温度: ℃,湿度: %RH
检测依据				判定依据		
主要仪器设备名称及编号						

稠度	水胶比	试验次数	初始读数(mm)	终读数(mm)	稠度(mm)	稠度平均值(mm)

保水率	干燥试模与底部不透水片质量 m_1(g)	试模、底部不透水片与砂浆总质量 m_3(g)	15 片滤纸吸水前的质量 m_2(g)	15 片滤纸吸水后的质量 m_4(g)	保水率(%)	平均值(%)

含水率	试验次数	砂浆样本总质量(g)	烘干后砂浆样本的质量(g)	含水率(%)		平均值(%)

附加声明:

检测:　　　　　　　记录:　　　　　　　复核:　　　　　　　日期:　　年　　月　　日

试验三十二 建筑砂浆的立方体抗压强度试验

(一)典型原始记录表(检测数据部分)

样品信息								
试验检测日期				试验条件			温度: ℃,湿度: %RH	
检测依据				判定依据				
主要仪器设备名称及编号								

设计强度等级		M7.5		试件尺寸(mm)		70.7×70.7×70.7	稠度(mm)	
试件编号	取样部位	制件日期	试验日期	龄期(d)	极限荷载(kN)	抗压强度(MPa) 单值	抗压强度(MPa) 平均	占设计强度百分率(%)
1					43.13	11.6		
2	挡墙墙身	2024/6/20	2024/7/18	28	44.06	11.9	11.7	156.0
3					42.44	11.5		

附加声明:

检测:×××　　　　　　记录:×××　　　　　　复核:×××　　　　　　日期:××××年××月××日

(二) 空白原始记录表 (摘录)

样品信息								
试验检测日期				试验条件			温度： ℃, 湿度： %RH	
检测依据				判定依据				
主要仪器设备名称 及编号								

设计强度等级				试件尺寸(mm)			稠度(mm)	
试件编号	取样部位	制件日期	试验日期	龄期(d)	极限荷载 (kN)	抗压强度(MPa)		占设计强度百分率(%)
						单值	平均	

附加声明：

检测：	记录：	复核：	日期： 年 月 日

试验三十三　无机结合料稳定材料击实试验

(一) 典型原始记录表(检测数据部分)

试验方法				丙		筒容积(cm³)		2177		5~40mm 颗粒含量(%)		/
落距(cm)				45		每层击数		98		击锤质量(kg)		4.5
超尺寸颗粒含量(%)				/		超尺寸颗粒毛体积比重		/		超尺寸颗粒吸水量(%)		/
试验次数						1		2	3	4		5
密度	加水量(g)/加水率(%)					170		220	270	320		370
	筒+土质量(g)					13968		14463	14584	14511		14112
	筒质量(g)					9309		9309	9309	9309		9309
	湿土质量(g)					4659		5154	5275	5202		4803
	湿密度(g/cm³)					2.14		2.367	2.423	2.390		2.206
盒号	153	154	155	156	157	158	159	160	161	162
盒质量(g)	215.20	231.07	232.05	227.10	231.93	225.16	228.63	229.54	217.54	212.08
盒+湿土质量(g)	2454.5	2526.5	2473.5	2541.4	2544.7	2412.1	2547.3	2477.5	2531.7	2503.9
盒+干土质量(g)	2376.2	2445.1	2373.2	2433.6	2431.3	2299.4	2420.4	2350.2	2377.5	2356.7
干土质量(g)	2161.00	2214.03	2141.15	2206.50	2199.37	2074.24	2191.77	2120.66	2159.96	2144.6
水质量(g)	78.30	81.40	100.30	107.80	113.40	112.70	126.90	127.30	154.20	147.20
含水率(%)	3.6	3.7	4.7	4.9	5.2	5.4	5.8	6.0	7.1	6.9
平均含水率(%)	3.6		4.8		5.3		5.9		7.0	
干密度(g/cm³)	2.066		2.259		2.301		2.257		2.062	
最佳含水率(%)	5.3				最大干密度(g/cm³)				2.301	
修正后最佳含水率(%)	/				修正后最大干密度(g/cm³)				/	

附加声明：

检测:×××　　　　　记录:×××　　　　　复核:×××　　　　　日期:××××年××月××日

(二)空白原始记录表(摘录)

试验方法			筒容积(cm³)		5~40mm 颗粒含量(%)		
落距(cm)			每层击数		击锤质量(kg)		
超尺寸颗粒含量(%)			超尺寸颗粒毛体积比重		超尺寸颗粒吸水量(%)		

	试验次数		1	2	3	4	5
密度	加水量(g)/加水率(%)						
	筒+土质量(g)						
	筒质量(g)						
	湿土质量(g)						
	湿密度(g/cm³)						
盒号							
盒质量(g)							
盒+湿土质量(g)							
盒+干土质量(g)							
干土质量(g)							
水质量(g)							
含水率(%)							
平均含水率(%)							
干密度(g/cm³)							
最佳含水率(%)			最大干密度(g/cm³)				
修正后最佳含水率(%)			修正后最大干密度(g/cm³)				

附加声明:

检测:　　　　　　记录:　　　　　　复核:　　　　　　日期:　　年　　月　　日

试验三十四　无机结合料稳定材料无侧限抗压强度试验

（一）典型原始记录表（检测数据部分）

最大干密度（g/cm³）		2.451		最佳含水率（%）		4.1	成型压实度（%）		96		$P = \alpha + \beta R$		
试件尺寸（mm）		φ150×150		设计强度（MPa）		3.5	保证率（%）		95		α		
成型日期		2024-04-10		养生龄期（d）		7	Z_a		1.645		β		
试件编号	养生前试件高度（mm）	养生前试件质量（g）	浸水前试件高度（mm）	浸水前试件质量（g）	浸水后试件高度（mm）	浸水后试件质量（g）	含水率（%）	试件干密度（g/cm³）	压实度（%）	养生期间质量损失（g）	吸水量（g）	破坏时测力环读数（0.01mm）	试件破坏时的荷载（kN）	无侧限抗压强度（MPa）
1	150.1	6640.7	150.1	6635.2	150.8	6652.7	4.39	2.93	97.6	5.5	17.5	/	90.9	5.1
2	150.5	6647.3	150.5	6643.4	151.3	6661.9	4.57	2.384	97.3	3.9	18.5	/	96.5	5.5
3	150.6	6628.8	150.6	6622.2	151.2	6641.2	4.57	2.378	97	6.6	19.0	/	91.2	5.2
4	150.2	6630.3	150.2	6624.5	151.1	6649.3	4.39	2.387	97.4	5.8	24.8	/	92.3	5.2
5	150.7	6650.1	150.7	6631.1	151.3	6651.4	4.55	2.381	97.1	2.5	20.3	/	95.4	5.4
6	150.2	6654.9	150.2	6647.9	151.0	6671.9	4.42	2.396	97.8	2.2	24.0	/	93.1	5.3
7	150.7	6654.9	150.7	6652.1	151.4	6672.7	4.50	2.388	97.4	2.8	20.6	/	90.7	5.1
8	150.3	6649.7	150.3	6644.1	151.1	6668.1	4.47	2.392	97.6	5.6	24.0	/	91.4	5.2
9	150.3	6654.4	150.3	6639.8	151.1	6663.6	4.49	2.390	97.5	5.6	23.8	/	92.3	5.2
10	150.2	6654.7	150.2	6651.0	151.2	6670.9	4.39	2.393	97.6	3.7	19.9	/	91.7	5.2
11	150.2	6652.0	150.2	6645.3	150.9	6668.7	4.42	2.396	97.8	6.7	23.4	/	92.1	5.2
12	150.6	6649.8	150.6	6643.4	151.3	6663.7	4.54	2.385	97.3	6.4	20.3	/	93.1	5.3
13	150.4	6635.4	150.4	6628.4	151.1	6651.2	4.45	2.386	97.3	7.0	2.8	/	92.4	5.2
平均抗压强度（MPa）			5.2		最大值（MPa）		5.5			最小值（MPa）			5.1	
$R_d / (1 - Z_a \times C_v)$			3.6		标准差 S		0.11			偏差系数 C_v（%）			2.12	

附加声明：

检测：×××　　　　　记录：×××　　　　　　复核：×××　　　　　　日期：××××年××月××日

（二）空白原始记录表（摘录）

最大干密度(g/cm³)			最佳含水率(%)			成型压实度(%)			$P = \alpha + \beta R$	
试件尺寸			设计强度(MPa)			保证率(%)			α	
成型日期			养生龄期(d)			Z_a			β	

试件编号	养生前试件高度(mm)	养生前试件质量(g)	浸水前试件高度(mm)	浸水前试件质量(g)	浸水后试件高度(mm)	浸水后试件质量(g)	含水率(%)	试件干密度(g/cm³)	压实度(%)	养生期间质量损失(g)	吸水量(g)	破坏时测力环读数(0.01mm)	试件破坏时的荷载(kN)	无侧限抗压强度(MPa)

平均抗压强度(MPa)		最大值(MPa)		最小值(MPa)	
$R_d/(1 - Z_a \times C_v)$		标准差 S		偏差系数 C_v(%)	

附加声明：

检测：　　　　　　记录：　　　　　　复核：　　　　　　日期：　　年　　月　　日

试验三十五　无机结合料 EDTA 滴定标准曲线试验

（一）典型原始记录表（检测数据部分）

样品信息										
试验检测日期					试验条件			温度：　℃,湿度：　%RH		
检测依据					判定依据					
主要仪器设备名称及编号										
最佳含水率(%)					6.3					
试验次数	1		2		3		4		5	
湿混合料质量(g)	300.0	300.1	300.0	300.0	300.0	300.0	300.0	300.0	300.0	300.1
干混合料质量(g)	282.22	282.31	282.22	282.22	282.22	282.22	282.22	282.22	282.22	282.31
干土质量(g)	281.1	281.1	274.9	274.9	268.7	268.7	262.0	262.0	252.7	252.7
结合料剂量(%)	0		2.2		4.4		6.8		10.1	
初读数	6.3	8.2	10.5	11.9	7.1	8.6	11.9	15.0	3.8	5.8
终读数	9.5	11.2	18.8	20.4	20.8	22.5	20.5	33.6	29.7	31.6
EDTA 耗量（mL） 测定值	3.2	3.0	8.3	8.5	13.7	13.9	18.6	18.6	25.9	25.8
EDTA 耗量（mL） 平均值	3.1		8.4		13.8		18.6		25.85	

附加声明：

检测：×××　　　　　记录：×××　　　　　复核：×××　　　　　日期：××××年××月××日

(二)空白原始记录表(摘录)

样品信息											
试验检测日期						试验条件			温度: ℃,湿度: %RH		
检测依据						判定依据					
主要仪器设备名称及编号											
最佳含水率(%)											
试验次数											
湿混合料质量(g)											
干混合料质量(g)											
干土质量(g)											
结合料剂量(%)											
初读数											
终读数											
EDTA 耗量(mL)	测定值										
	平均值										

附加声明:

检测:　　　　　　　　记录:　　　　　　　　复核:　　　　　　　　日期:　　年　　月　　日

试验三十六 水泥或石灰剂量试验(EDTA 滴定法)

(一) 典型原始记录表(检测数据部分)

样品信息	碎石(9.5~31.5mm):碎石(4.75~9.5mm):碎石(2.36~4.75mm):石屑(0~2.36mm):水泥(P·O42.5)=44:30:18:8:5						
试验检测日期			试验条件		温度: ℃,湿度: %RH		
检测依据			判定依据				
主要仪器设备名称及编号							
取样位置	试样重(g)	含水率(%)	EDTA 滴定量(mL)				结合料剂量(%)
			初读数	末读数	滴定量	平均值	
/	1000.0		3.5	21.4	17.9	17.8	5.1
	1000.0		21.4	39.1	17.7		
/	1000.0		2.8	20.9	18.1	18.0	5.2
	1000.0		20.9	38.7	17.8		
试验次数	2	最大值		5.2	最小值		5.1
平均值	5.2	标准差		0.07	偏差系数		1.35

附加声明:

检测:×××   记录:×××   复核:×××   日期:××××年××月××日

(二)空白原始记录表(摘录)

样品信息						
试验检测日期			试验条件		温度： ℃,湿度： %RH	
检测依据			判定依据			
主要仪器设备名称及编号						

取样位置	试样重(g)	含水率(%)	EDTA 滴定量(mL)				结合料剂量(%)
			初读数	末读数	滴定量	平均值	
试验次数		最大值			最小值		
平均值		标准差			偏差系数		

附加声明：

检测：　　　　　　　记录：　　　　　　　复核：　　　　　　　日期：　　年　　月　　日

试验三十七　石灰有效氧化钙、氧化镁含量试验

(一) 典型原始记录表(检测数据部分)

样品信息								
试验检测日期					试验条件		温度：　℃,湿度：　%RH	
检测依据					判定依据			
主要仪器设备名称及编号								

简易法测定石灰有效氧化钙及氧化镁含量试验

试样编号	试验次数	空瓶质量（g）	瓶+试样质量（g）	试样质量（g）	盐酸溶液摩尔浓度（mol/L）	滴定管中盐酸标准溶液体积			有效氧化钙镁含量(%)	
						初读数（mL）	终读数（mL）	盐酸溶液消耗量（mL）	单值（%）	平均值（%）
	1	132.1512	133.1092	0.9580	1.0000	3.5	31.6	28.1	82.1	82.4
	2	133.0022	133.9579	0.9557		4.1	32.3	28.2	82.6	

附加声明：

检测：×××　　　　　记录：×××　　　　　复核：×××　　　　　日期：××××年××月××日

(二)空白原始记录表(摘录)

样品信息				
试验检测日期		试验条件		温度: ℃,湿度: %RH
检测依据		判定依据		
主要仪器设备名称及编号				

简易法测定石灰有效氧化钙及氧化镁含量试验

试样编号	试验次数	空瓶质量(g)	瓶+试样质量(g)	试样质量(g)	盐酸溶液摩尔浓度(mol/L)	滴定管中盐酸标准溶液体积			有效氧化钙镁含量(%)	
						初读数(mL)	终读数(mL)	盐酸溶液消耗量(mL)	单值(%)	平均值(%)

附加声明:

检测:　　　　　　　记录:　　　　　　　复核:　　　　　　　日期:　　年　　月　　日

试验三十八　沥青针入度、延度、软化点试验

(一)典型原始记录表(检测数据部分)

样品信息							
试验检测日期				试验条件		温度:20℃,湿度:62%RH	
检测依据				判定依据			
主要仪器设备名称及编号							

	试验温度(℃)	荷重(g)	贯入时间(s)	针入度(0.1mm)			平均值(0.1mm)
针入度				1	2	3	
	25	100	5	71.0	68.8	70.0	70

	试验温度(℃)	保温时间(min)	拉伸速度(cm/min)	延度(cm)			平均值(cm)
延度				1	2	3	
	15	90	5	125	125	125	>100

	起始温度(℃)	加热介质	升温速度(℃/min)	软化点(℃)		平均值(℃)
软化点				1	2	
	5	蒸馏水	5	48.5	49.0	49

附加声明:

检测:×××　　　　　　　记录:×××　　　　　　　复核:×××　　　　　　　日期:××××年××月××日

(二)空白原始记录表(摘录)

样品信息						
试验检测日期			试验条件		温度: ℃,湿度: %RH	
检测依据			判定依据			
主要仪器设备名称及编号						

	试验温度(℃)	荷重(g)	贯入时间(s)	针入度(0.1mm)			平均值(0.1mm)
				1	2	3	
针入度							

	试验温度(℃)	保温时间(min)	拉伸速度(cm/min)	延度(cm)			平均值(cm)
				1	2	3	
延度							

	起始温度(℃)	加热介质	升温速度(℃/min)	软化点(℃)		平均值(℃)
				1	2	
软化点						

附加声明:

检测:　　　　　　　　记录:　　　　　　　　复核:　　　　　　　　日期:　　年　　月　　日

试验三十九　沥青与粗集料黏附性试验

(一)典型原始记录表(检测数据部分)

样品信息				
试验检测日期		试验条件		温度:20℃,湿度:62% RH
检测依据		判定依据		
主要仪器设备名称及编号				
沥青标号	70-A			

序号	表面沥青剥落情况(%)	黏附性等级	平均值
1	沥青膜完全保存,剥离面积百分率接近于0	5	
2	沥青膜少部为水所移动,厚度不均匀,剥离面积百分率少于10%	4	
3	沥青膜完全保存,剥离面积百分率接近于0	5	5
4	沥青膜完全保存,剥离面积百分率接近于0	5	
5	沥青膜少部为水所移动,厚度不均匀,剥离面积百分率少于10%	4	

附加声明:

检测:×××　　　　　记录:×××　　　　　复核:×××　　　　　日期:××××年××月××日

(二) 空白原始记录表 (摘录)

样品信息				
试验检测日期		试验条件	温度： ℃ ,湿度： ％RH	
检测依据		判定依据		
主要仪器设备名称及编号				
沥青标号				

序号	表面沥青剥落情况(%)	黏附性等级	平均值
1			
2			
3			
4			
5			

附加声明：

试验四十　沥青的动力黏度试验(真空减压毛细管法)

(一)典型原始记录表(检测数据部分)

样品信息					
试验检测日期			试验条件		温度：　℃,湿度：　%RH
检测依据			判定依据		
主要仪器设备名称及编号					
黏度计类型	AI	试验温度(℃)	60	真空度(kPa)	40
黏度计编号	黏度计常数 (Pa·s/s)	试样吸到第一个超过60s 的标线的时间(s)		沥青动力黏度 (Pa·s)	平均值 (Pa·s)
595	3.107	70.1		217.8	
302	3.188	67.4		214.9	218
437	3.717	59.3		220.4	

附加声明：

检测：×××　　　　　记录：×××　　　　　复核：×××　　　　　日期：××××年××月××日

(二)空白原始记录表(摘录)

样品信息				
试验检测日期			试验条件	温度: ℃,湿度: %RH
检测依据			判定依据	
主要仪器设备名称及编号				
黏度计类型		试验温度(℃)		真空度(kPa)
黏度计编号	黏度计常数 (Pa·s/s)	试样吸到第一个超过60s 的标线的时间(s)	沥青动力黏度 (Pa·s)	平均值 (Pa·s)

附加声明:

检测:	记录:	复核:	日期: 年 月 日

试验四十一　沥青的薄膜加热试验

（一）典型原始记录表（检测数据部分）

样品信息			
试验检测日期		试验条件	温度：　℃,湿度：　%RH
检测依据		判定依据	
主要仪器设备名称及编号			

薄膜加热后沥青加热损失试验

试验次数	盛样皿质量（g）	加热前盛样皿和试样合计质量(g)	加热后盛样皿和试样合计质量(g)	质量损失（%）	
				单值	平均值
1	89.273	139.427	139.316	−0.221	−0.224
2	89.326	139.581	139.467	−0.227	

残留物针入度比

原样针入度(0.1mm)			67			
残留物针入度(0.1mm)	单值	49.3	48.8	49.2	平均值	49
残留物针入度比 K_p（%）			$49/67 \times 100\% = 73\%$			

残留物软化点增值

试验前软化点(℃)						
试验后软化点(℃)	单值				平均值	
软化点增值 T_o(℃)						

加热试验黏度比

加热前60℃黏度(Pa·S)	
加热后60℃黏度(Pa·S)	

续上表

黏度比 K_n(%)	
加热试验老化指数	
$C = \lg\lg(\eta_2 \times 10^3) - \lg\lg(\eta_1 \times 10^3)$	

残留延度

试验温度 (℃)	拉伸速度 (cm/min)	延度(cm)			平均值 (cm)
		1	2	3	
10	5	7.2	7.3	6.9	7

附加声明：

(二) 空白原始记录表 (摘录)

样品信息				
试验检测日期		试验条件		温度： ℃ , 湿度： % RH
检测依据		判定依据		
主要仪器设备名称 及编号				

薄膜加热后沥青加热损失试验

试验 次数	盛样皿质量 （g）	加热前盛样皿 和试样合计质量(g)	加热后盛样皿 和试样合计质量(g)	质量损失（%）	
				单值	平均值

残留物针入度比

原样针入度(0.1mm)						
残留物针入度(0.1mm)	单值				平均值	
残留物针入度比 K_p（%）						

残留物软化点增值

试验前软化点(℃)						
试验后软化点(℃)	单值				平均值	
软化点增值 T_o（℃）						

加热试验黏度比

加热前 60℃黏度(Pa·S)	
加热后 60℃黏度(Pa·S)	
黏度比 K_n（%）	

续上表

加热试验老化指数	
$C = \lg\lg(\eta_2 \times 10^3) - \lg\lg(\eta_1 \times 10^3)$	

残留延度					

试验温度 （℃）	拉伸速度 （cm/min）	延度(cm)			平均值 （cm）
		1	2	3	

附加声明：

检测：　　　　　　　　记录：　　　　　　　　复核：　　　　　　　　日期：　　年　　月　　日

试验四十二　沥青密度与相对密度试验

(一) 典型原始记录表(检测数据部分)

样品信息										
试验检测日期					试验条件		温度：　℃,湿度：　%RH			
检测依据					判定依据					
主要仪器设备名称及编号										
试验次数	比重瓶质量 (g)	比重瓶盛满水时质量 (g)	比重瓶盛满试样时质量 (g)	试验温度 (℃)	水密度 (g/cm³)	相对密度		密度(g/cm³)		
						单值	平均值	单值	平均值	
1	35.782	60.341	52.571	25	0.99702	1.041	1.041	1.038	1.038	
2	36.2	60.391	53.023			1.041		1.038		

附加声明：

检测：×× ×	记录：×× ×	复核：×× ×	日期：×× ××年××月××日

(二)空白原始记录表(摘录)

样品信息				
试验检测日期			试验条件	温度： ℃,湿度： %RH
检测依据			判定依据	
主要仪器设备名称及编号				

试验次数	比重瓶质量(g)	比重瓶盛满水时质量(g)	比重瓶盛满试样时质量(g)	试验温度(℃)	水密度(g/cm³)	相对密度		密度(g/cm³)	
						单值	平均值	单值	平均值

附加声明：

检测：　　　　　　　　记录：　　　　　　　　复核：　　　　　　　　日期：　　年　月　日

试验四十三　沥青闪点试验

(一) 典型原始记录表 (检测数据部分)

样品信息								
试验检测日期					试验条件		温度：　℃ , 湿度：　%RH	
检测依据					判定依据			
主要仪器设备名称及编号								
开始加热升温速度（℃/min）	14		预期闪点前56℃的升温速度（℃/min）		5.5		试验时大气压（kPa）	100

1min（℃）	2min（℃）	3min（℃）	4min（℃）	5min（℃）	6min（℃）	7min（℃）	8min（℃）	9min（℃）	单值（℃）	气压修正值（℃）	平均值（℃）
310	315	320	325	331	/	/	/	/	334	/	335
310	316	321	326	332	/	/	/	/	336		

附加声明：

检测：×××　　　　　记录：×××　　　　　复核：×××　　　　　日期：××××年××月××日

(二)空白原始记录表(摘录)

样品信息					
试验检测日期			试验条件		温度： ℃,湿度： %RH
检测依据			判定依据		
主要仪器设备名称 及编号					

开始加热升温速度 （℃/min）		预期闪点前56℃的升温速度 （℃/min）		试验时大气压 （kPa）	

1min （℃）	2min （℃）	3min （℃）	4min （℃）	5min （℃）	6min （℃）	7min （℃）	8min （℃）	9min （℃）	单值 （℃）	气压修正值 （℃）	平均值 （℃）

附加声明：

检测：　　　　　　　　记录：　　　　　　　　复核：　　　　　　　　日期：　　年　　月　　日

试验四十四　改性沥青的离析试验

(一)典型原始记录表(检测数据部分)

样品信息						
试验检测日期			试验条件		温度：　℃,湿度：　%RH	
检测依据			判定依据			
主要仪器设备名称及编号						
试验次数	顶部软化点（℃）	平均值（℃）	底部软化点（℃）	平均值（℃）	差值（℃）	平均值（℃）
1	84.5	84.5	83.0	83.0	1.5	1.8
	84.5		83.0			
2	84.0	84.0	82.0	83.0	2.0	
	84.0		82.0			

附加声明：

检测：×××　　　　　记录：×××　　　　　复核：×××　　　　　日期：××××年××月××日

(二)空白原始记录表(摘录)

样品信息						
试验检测日期			试验条件		温度: ℃ ,湿度: %RH	
检测依据			判定依据			
主要仪器设备名称及编号						

试验次数	顶部软化点(℃)	平均值(℃)	底部软化点(℃)	平均值(℃)	差值(℃)	平均值(℃)

附加声明:

检测: 记录: 复核: 日期: 年   月   日

试验四十五　改性沥青弹性恢复试验

(一) 典型原始记录表(检测数据部分)

样品信息						
试验检测日期			试验条件		温度：　℃,湿度：　%RH	
检测依据			判定依据			
主要仪器设备名称及编号						
试验次数	试验温度（℃）	拉伸速度（cm/min）	拉伸试样长度（cm）	试件残留长度（cm）	弹性恢复率（%）	平均值（%）
1			10	0.7	93	
2	25	5	10	0.8	92	93
3			10	0.6	94	

附加声明：

检测：×××　　　　记录：×××　　　　复核：×××　　　　日期：××××年××月××日

(二)空白原始记录表(摘录)

样品信息						
试验检测日期			试验条件		温度：　℃,湿度：　%RH	
检测依据			判定依据			
主要仪器设备名称及编号						
试验次数	试验温度 （℃）	拉伸速度 （cm/min）	拉伸试样长度 （cm）	试件残留长度 （cm）	弹性恢复率 （%）	平均值 （%）

附加声明：

检测：	记录：	复核：	日期：　年　月　日

试验四十六　沥青混合料的密度试验(表干法)和马歇尔稳定度试验

（一）典型原始记录表(检测数据部分)

样品信息									
沥青用量/油石比		4.9	击实温度(℃)		148	环境温度(℃)		标准试件尺寸(mm)	101.6×63.5
击实次数		75×2	理论最大相对密度		2.564	矿料合成毛体积相对密度	2.702	沥青的相对密度	1.041
0.075mm 的通过率（%）		/	被集料吸收的沥青结合料比例 P_{ba}（%）		1	有效沥青用量 P_{be}（%）	3.9	矿料合成表观相对密度	4.103
矿料名称			碎石1	碎石2	碎石3	石屑	矿粉	沥青	
型号及规格			11~16	6~11	3~6	0~3	0~0.6	AH-70	
矿料比例（%）			36	24	9	27.5	3.5	4.9	
毛体积相对密度			2.732	2.719	2.725	2.631	2.787	/	
表观相对密度			2.845	2.281	2.802	/	/	/	

样品名称:沥青混合料

序号	试件尺寸(mm)						干燥试件空中质量(g)	试件水中质量(g)	试件表干质量(g)	吸水率（%）	毛体积相对密度	空隙率 VV（%）	有效沥青体积百分率 V_{be}（%）	间隙率 VMA（%）	沥青饱和度 VFA（%）	粗集料骨架间隙率 VCA_{mix}（%）	稳定度(kN)	流值(mm)	马歇尔模数(kN/mm)
	直径	高度																	
		1	2	3	4	平均值													
1	101.6	63.5	63.6	63.4	63.5	63.5	1239.2	741.2	1245.9	1.3	2.455	4.3	9.2	13.6	68.4	/	12.53	2.9	4.32
2	101.6	63.6	63.4	63.5	63.5	63.5	1218.4	729.6	1224.6	1.3	2.461	4.0	9.2	13.4	70.1	/	12.89	3.1	4.16
3	101.6	63.6	63.6	63.5	63.5	63.6	1229.3	737.2	1236.4	1.4	2.463	3.9	9.2	13.3	70.7	/	12.61	2.8	4.50
4	101.6	63.7	63.6	63.5	63.5	63.6	1223.8	734.5	1230.7	1.4	2.466	3.8	9.2	13.2	71.2	/	12.46	2.9	4.50
平均值											2.461	4.0	9.2	13.4	70.1	/	12.62	2.9	4.32

附加声明:

检测:×××　　　　　记录:×××　　　　　复核:×××　　　　　日期:××××年××月××日

（二）空白原始记录表（摘录）

样品信息	沥青用量/油石比		击实温度(℃)		环境温度(℃)		标准试件尺寸(mm)	
	击实次数		理论最大相对密度		矿料合成毛体积相对密度		沥青的相对密度	
	0.075mm 的通过率(%)		被集料吸收的沥青结合料比例 P_{ba}(%)		有效沥青用量 P_{be}(%)		矿料合成表观相对密度	
	矿料名称							
	型号及规格							
	矿料比例(%)							
	毛体积相对密度							
	表观相对密度							
	样品名称：							

试验检测日期		试验条件	
检测依据		判定依据	
主要仪器设备名称及编号			

序号	试件尺寸(mm)						干燥试件空中质量(g)	试件水中质量(g)	试件表干质量(g)	吸水率(%)	毛体积相对密度	空隙率 VV(%)	有效沥青体积百分率 V_{be}(%)	间隙率 VMA(%)	沥青饱和度 VFA(%)	粗集料骨架间隙率 VCA_{mix}(%)	稳定度(kN)	流值(mm)	马歇尔模数(kN/mm)
	直径	高度																	
		1	2	3	4	平均值													
1																			
2																			
3																			
4																			
平均值																			

附加声明：

检测：　　　　　　　　　记录：　　　　　　　　　复核：　　　　　　　　　日期：　　　年　　月　　日

试验四十七　沥青混合料理论最大相对密度试验(真空法)

(一)典型原始记录表(检测数据部分)

样品信息						
试验检测日期			试验条件		温度：　℃,湿度：　%RH	
检测依据			判定依据			
主要仪器设备名称及编号						
沥青种类及牌号	AH-70		油石比		5.2	
拌和温度(℃)	158		混合料类型		密级配沥青混合料	
25℃时水的密度(g/cm³)					0.9971	
负压容器类型	试验次数				1	2
B/C类	干燥沥青混合料试样的空气中质量(g)				1504.8	1501.2
	装满25℃水时的负压容器质量(g)				8036.8	8150.7
	25℃时试样水与负压容器的总质量(g)				8955.5	9065.9
	沥青混合料理论最大相对密度				2.567	2.562
	平均值				2.564	
	沥青混合料理论最大密度(g/cm³)				2.557	

附加声明：

检测：×××　　　　　　记录：×××　　　　　　复核：×××　　　　　　日期：××××年××月××日

(二)空白原始记录表(摘录)

样品信息							
试验检测日期			试验条件		温度： ℃,湿度： %RH		
检测依据			判定依据				
主要仪器设备名称及编号							
沥青种类及牌号			油石比				
拌和温度(℃)			混合料类型				
25℃时水的密度(g/cm³)							
负压容器类型	试验次数				1	2	
B/C类	干燥沥青混合料试样的空气中质量(g)						
	装满25℃水时的负压容器质量(g)						
	25℃时试样水与负压容器的总质量(g)						
	沥青混合料理论最大相对密度						
	平均值						
	沥青混合料理论最大密度(g/cm³)						

附加声明：

检测：　　　　　　　　记录：　　　　　　　　复核：　　　　　　　日期：　　年　　月　　日

试验四十八　沥青混合料沥青含量试验(燃烧炉法)

(一)典型原始记录表(检测数据部分)

试样编号	试样篮+托盘质量(g)	试样篮+托盘+混合料质量(g)	混合料质量(g)	燃烧温度(℃)	燃烧后矿料质量(g)	燃烧损失质量(g)	空气浮力修正系数(g)	损失率(%)	平均损失率(%)	修正系数(%)	沥青含量(%)
1	2192.8	4105.4	1912.6	538	1799.6	113.0	0.0	5.91	5.88	1.10	4.78
2	2192.8	4077.7	1884.9		1774.8	110.1	0.0	5.84			

矿料水洗后质量(g)	1				2				通过百分率(%)			
	1700.8				1669.7				平均通过率(%)	级配修正后通过率(%)	生产配合比通过率(%)	偏差值(%)
筛孔尺寸(mm)	筛上重(g)	分计筛余(%)	累计筛余(%)	通过百分率(%)	筛上重(g)	分计筛余(%)	累计筛余(%)	通过百分率(%)				
31.5	0.0	0.0	0.0	0.0	0.0	0.0	0.0	100.0	100.0	100.0	/	/
26.5	0.0	0.0	0.0	0.0	0.0	0.0	0.0	100.0	100.0	100.0	/	/
19	0.0	0.0	0.0	0.0	0.0	0.0	0.0	100.0	100.0	100.0	/	/
16	73.8	4.1	4.1	95.9	79.3	4.5	4.5	95.5	95.7	95.7	/	/
13.2	214.9	11.9	16.0	84.0	191.6	10.8	15.3	84.7	84.4	84.4	/	/
9.5	366.2	20.3	36.3	63.7	369.5	20.8	36.1	63.9	63.8	63.8	/	/
4.75	331.6	18.4	54.7	45.3	343.1	19.3	55.4	44.6	45.0	45.0	/	/
2.36	273.7	15.2	69.9	30.1	266.4	15.0	70.4	29.6	29.8	29.8	/	/
1.18	146.9	8.2	78.1	21.9	153.7	8.7	79.1	20.9	21.4	21.4	/	/
0.6	136.3	7.6	85.7	14.3	126.9	7.2	86.3	13.7	14.0	14.0	/	/
0.3	82.8	4.6	90.3	9.7	77.4	4.4	90.7	9.3	9.5	9.5	/	/
0.15	39.1	2.2	92.5	7.5	28.8	1.6	92.3	7.7	7.6	7.6	/	/
0.075	35.2	2.0	94.5	5.5	32.3	1.8	94.1	5.9	5.7	5.7	/	/
筛底	0.3	/	/	/	0.7	/	/	/	/	/	/	/

附加声明:

检测:×××　　　　　记录:×××　　　　　复核:×××　　　　　日期:××××年××月××日

(二)空白原始记录表(摘录)

样品信息											
试验检测日期					试验条件			温度：　℃,湿度：　%RH			
检测依据					判定依据						
主要仪器设备名称及编号											

试样编号	试样篮+托盘质量(g)	试样篮+托盘+混合料质量(g)	混合料质量(g)	燃烧温度(℃)	燃烧后矿料质量(g)	燃烧损失质量(g)	空气浮力修正系数(g)	损失率(%)	平均损失率(%)	修正系数(%)	沥青含量(%)
1											
2											

矿料水洗后质量(g)	1				2				通过百分率(%)		
筛孔尺寸(mm)	筛上重(g)	分计筛余(%)	累计筛余(%)	通过百分率(%)	筛上重(g)	分计筛余(%)	累计筛余(%)	通过百分率(%)	平均通过率(%)	级配修正后通过率(%)	生产配合比通过率(%)	偏差值(%)
31.5												
26.5												
19												
16												
13.2												
9.5												
4.75												
2.36												
1.18												
0.6												
0.3												
0.15												
0.075												
筛底												

附加声明：

检测：　　　　　　　　记录：　　　　　　　　复核：　　　　　　　　日期：　　年　　月　　日

试验四十九　钢筋拉伸、弯曲试验

(一) 典型原始记录表(检测数据部分)

样品信息				
试验检测日期		试验条件	温度：　℃,湿度：　%RH	
检测依据		判定依据		
主要仪器设备名称及编号				

	试件编号		1	2
试件尺寸	直径(mm)		20	
	原始标距(mm)		110	
拉伸试验	屈服荷载(kN)		164.3	164.5
	极限荷载(kN)		231.7	233.1
	屈服强度(MPa)		432	433
	抗拉强度(MPa)		610	613
	断后标距(mm)		140.94	140.52
	伸长率(%)		28.0	27.5
弯曲试验	弯心直径(mm)		88	
	弯曲角度(°)		180	
	试验结果		无裂纹	无裂纹

附加声明：

检测：×××　　　　　记录：×××　　　　　复核：×××　　　　　日期：××××年××月××日

(二) 空白原始记录表(摘录)

样品信息					
试验检测日期			试验条件		温度： ℃,湿度： %RH
检测依据			判定依据		
主要仪器设备名称及编号					

	试件编号			
试件尺寸	直径(mm)			
	原始标距(mm)			
拉伸试验	屈服荷载(kN)			
	极限荷载(kN)			
	屈服强度(MPa)			
	抗拉强度(MPa)			
	断后标距(mm)			
	伸长率(%)			
弯曲试验	弯心直径(mm)			
	弯曲角度(°)			
	试验结果			

附加声明：

检测：　　　　　　　记录：　　　　　　　复核：　　　　　　　日期：　　年　　月　　日

试验五十　钢材洛氏硬度试验

(一) 典型原始记录表 (检测数据部分)

样品信息				
试验检测日期			试验条件	温度：　℃, 湿度：　%RH
检测依据			判定依据	
主要仪器设备名称及编号				
硬度符号	HRC		标准硬度块标准值	26.9
标准硬度块测试值	26.4	26.6	26.3	平均硬度值	26.4
偏差 b	-0.5		重复性 r	0.3
试件编号	1	2	3
1	28.3	27.4	28.9
2	26.6	25.8	27.8
3	25.1	26.0	27.3
4	29.8	31.3	28.9
5	27.7	27.2	28.0
6	26.5	25.3	27.6

附加声明：

检测：×××　　　　记录：×××　　　　复核：×××　　　　日期：××××年××月××日

(二)空白原始记录表(摘录)

样品信息					
试验检测日期			试验条件		温度：　℃,湿度：　%RH
检测依据			判定依据		
主要仪器设备名称及编号					

硬度符号			标准硬度块标准值		
标准硬度块测试值			平均硬度值		
偏差 b			重复性 r		
试件编号	1		2		3

附加声明：

检测：　　　　　记录：　　　　　复核：　　　　　日期：　　年　月　日

试验五十一 土工合成材料单位面积质量偏差率试验

(一) 典型原始记录表 (检测数据部分)

样品信息											
试验检测日期							试验条件				
检测依据							判定依据				
主要仪器设备名称及编号											
测试项目		试验次数									
		1	2	3	4	5	6	7	8	9	10
单位面积质量 (g/m^2)	面积 (cm^2)	100	100	100	100	100	100	100	100	100	100
	质量 (g)	2.08	2.09	2.07	2.09	2.44	2.07	2.15	2.36	2.18	2.12
	单位面积质量 (g/m^2)	208	209	207	209	244	207	215	236	218	212
单位面积质量测定值 (g/m^2)		216									
标准差 (g/m^2)		13.02									
变异系数 (%)		6.03									

附加声明:

检测: ×××　　　　　记录: ×××　　　　　复核: ×××　　　　　日期: ××××年××月××日

(二) 空白原始记录表(摘录)

样品信息												
试验检测日期						试验条件						
检测依据						判定依据						
主要仪器设备名称及编号												
测试项目		试验次数										
单位面积质量 (g/m²)	面积(cm²)											
	质量(g)											
	单位面积质量 (g/m²)											
单位面积质量测定值 (g/m²)												
标准差(g/m²)												
变异系数(%)												

附加声明：

检测：　　　　　　　　记录：　　　　　　　　复核：　　　　　　　　日期：　　年　　月　　日

试验五十二　土工合成材料宽条拉伸试验

(一) 典型原始记录表(检测数据部分)

样品信息									
试验检测日期					试验条件				
检测依据					判定依据				
主要仪器设备名称及编号									
拉伸速率(mm/min)	20		试样宽度(mm)	200		纵向宽度上筋数		横向宽度上筋数	
序号	纵向拉伸					横向拉伸			
序号	实际加持长度(mm)	最终长度(mm)	伸长率(%)	拉力(kN)	抗拉强度(kN/m)	实际加持长度(mm)	最终长度(mm)	伸长率(%)	拉力(kN)	抗拉强度(kN/m)
1	100.1	165.4	65.2	4.72	23.6	100.1	163.4	63.2	4.74	23.7
2	100.4	164.3	63.6	5.42	27.1	100.5	163.3	62.5	4.80	24.0
3	100.2	164.7	64.4	5.08	25.4	100.3	164.2	63.7	4.38	21.9
4	100.5	165.6	64.8	5.24	26.2	100.2	164.4	64.1	4.36	21.8
5	100.2	165.9	65.6	5.04	25.2	100.2	164.5	64.2	4.52	22.6

续上表

序号		纵向拉伸					横向拉伸				
		实际加持长度 （mm）	最终长度 （mm）	伸长率 （%）	拉力 （kN）	抗拉强度 （kN/m）	实际加持长度 （mm）	最终长度 （mm）	伸长率 （%）	拉力 （kN）	抗拉强度 （kN/m）
数据 统计	平均值	纵向拉伸强度(kN/m)				25.5	横向拉伸强度(kN/m)				22.8
		纵向拉伸伸长率(%)				64.7	横向拉伸伸长率(%)				63.5
	标准差	纵向拉伸强度(kN/m)				1.30	横向拉伸强度(kN/m)				1.01
		纵向拉伸伸长率(%)				0.77	横向拉伸伸长率				0.70
	变异系数 （%）	纵向拉伸强度				5.10	横向拉伸强度				4.44
		纵向拉伸伸长率				1.19	横向拉伸伸长率				1.11

附加声明：

(二) 空白原始记录表 (摘录)

样品信息										
试验检测日期					试验条件					
检测依据					判定依据					
主要仪器设备名称及编号										
拉伸速率 (mm/min)		试样宽度 (mm)				纵向宽度上筋数			横向宽度上筋数	

序号	纵向拉伸					横向拉伸				
	实际加持长度 (mm)	最终长度 (mm)	伸长率 (%)	拉力 (kN)	抗拉强度 (kN/m)	实际加持长度 (mm)	最终长度 (mm)	伸长率 (%)	拉力 (kN)	抗拉强度 (kN/m)

续上表

序号	纵向拉伸					横向拉伸				
	实际加持长度 （mm）	最终长度 （mm）	伸长率 （%）	拉力 （kN）	抗拉强度 （kN/m）	实际加持长度 （mm）	最终长度 （mm）	伸长率 （%）	拉力 （kN）	抗拉强度 （kN/m）
数据统计	平均值	纵向拉伸(kN/m)				横向拉伸(kN/m)				
		纵向拉伸伸长率(%)				横向拉伸伸长率(%)				
	标准差	纵向拉伸(kN/m)				横向拉伸(kN/m)				
		纵向拉伸伸长率(%)				横向拉伸伸长率				
	变异系数 （%）	纵向拉伸(kN/m)				横向拉伸(kN/m)				
		纵向拉伸伸长率(%)				横向拉伸伸长率				

附加声明：

检测：　　　　　记录：　　　　　复核：　　　　　日期：　　年　　月　　日